Les yeux sous la dent
Québec

Denis Daviault

Les yeux sous la dent
Québec
Recueil

LE LYS BLEU
ÉDITIONS

ISBN : 979-10-377-4294-0

À ma fille Simone-Ema

Je n'serai semblable qu'au vent
Qui me transporte vers l'humanité
Aux branches givrées
… Et delà,
J'enfanterai l'univers
Par courts et doux mystères
Sur ton sein inépuisé
Comme pour joindre le jour

Le chemin

Le chemin des embranchements
Avec tous les peuples premiers
Floués par nos égarements
Dans le cercle empoisonné

Les chemins des peurs apeurées
Suivent des pistes retracées
Détraquées et sans paroles

Notre refus des mocassins
Des montagnes et des épinettes
À la brunante jadis l'hiver

Les rivières coulent dans nos veines
Dans nos ruelles et nos délires
Bisons, Floyd, Joyce, passent à l'enclume
Saisir le masque par la queue

Les empreintes sont dans nos mémoires
Dans le brouillard des éclaircies
Il faut déshabiller l'histoire

Pleuvoir dans la terre fraîche, ton sang
Plonger dans nos gorges, les enfants
Forger l'amitié dans le feu

Ma mère et ta mère se sont vues
Nos rêves en racines d'aplombs
Encore faut-il croiser nos pas
Danser encerclé d'étoiles

Désespérance

Il faut que je parle du froid de mes os ;
Seul dedans mes os
Seul… sans clé ni clos

Partir

Je peux partir
Sans savoir… ni le sens
De l'inconnu
Je peux partir
À l'envers…
En sachant que je n'suis plus
Je peux partir
Sur l'onde sonore
D'un rendez-vous
Je peux partir
En douce et en complet
À la lumière d'une absence
Je peux partir
Silencieux à l'aurore
D'un ciel venteux
Je peux partir
En soupçons d'étoiles
Là où je suis déjà
Je peux partir enfumé de joie

À l'arrivée du printemps
Je peux partir
Seul en douleur
De vivre ensemble
Je peux partir
Quelle différence
Au fond tout ça

J'ai

Assis sur la glace
Le soleil me fait peur…
J'ai tes yeux pour me calmer

Assis sur la mer
Il n'y a plus rien qui vaille…
J'ai ton corps à la rescousse

À tire d'ailes sur les vagues
Mon corps frétille à mort…
J'ai ton mot à dire

J'attendais un éclatement
… spectaculaire…
J'ai ton ventre à caresser

Tes pieds se frottent aux miens
Nous marchons vers l'infini
J'ai tes rêves à découvrir

De la plaine au sommet
L'iris des retrouvailles
J'ai le chêne de ta colonne

Cette offrande d'ennui sauvage
Tourne ses yeux en boule
J'ai ta bouche pour manger

Nous aurons du miel et des os
Pour flotter sur les embruns
J'ai du mal à libérer

La nuit le ciel chavire
Le jour la nuit s'enfuit
J'ai ta face en profondeur

Mon désarroi s'effiloche
J'aspire aux fleurs printanières
J'ai ta moelle au bout du sein.

Le loup bleu

Éclairé par tes yeux amoureux fous
La lumière de tes doigts effilés
Gifle la mort

C'est le réveil du loup bleu
Les griffes de Maldoror
Les vagues de langues vertes

Repose ici ton corps et tes soucis
Tes chevaux, galops blancs de pleine lune,
Tes ailés d'outardes diapasons.

Il faut que tu reviennes à ce qui est
Les aurores boréales animent tes pieds
Clin d'œil nourri de toutes les saisons

Marche sur tes mots propres et insoumis
Marche sur la pluie qui tombe de tes yeux
Chaque monde est au détour d'une rivière

Tu as tant rêvé de tes sépales
Tant gravé tes racines profondes
Un besoin crucial de te retrouver

Le ciel est en cavale sous tes ongles
Les éclairs traversent l'entendement
J'aspire à la libération pour toi

J'marche

J'marche sur des feuilles mortes
Mouillées d'oiseaux trompés
J'marche nu sur ma tristesse
Sans laisser mes larmes sombrer

Je marche sur mes yeux brûlés
Tout à l'envers par trop de tout
J'marche dans un pot de verre
Mon corps t'enlace malgré tout

J'marche sans laisser de traces
La lune sur ton front témoigne
Je marche au cœur de ta sœur
Celle qui voit dessous les heures

J'marche pour que tiennent l'envie
La vie, le temps, la mort et moi
J'marche sur les traces de l'eau
Jaillissant en ton sein ; j'ai soif

J’marche ensemble, qu’en dis-tu ?
Apaisons l’ire du verbe
J’marche pour que tous, survivions
Au désastre écologique

Je suis fâché

Je suis fâché par ton discours
Obscurantiste
Tendancieux
Incohérent
Fallacieux
Ma douleur saigne
Perdre autant d'espace
Vital
Je mange
Je bois
Je respire
En attendant
Bien que je n'te veuille pas de mal
Je suis fâché
Comment voir à l'aveugle dans l'océan
Toute l'herbe arrachée
La glace à la dérive
Les miroirs affalés, éraflés
J'étouffe

Les squelettes s'évanouissent
Ou s'évaporent
Suicide collectif
Mondial
Nous sommes arrivés à la table
Des matières
Il faut choisir
Peut-on écrire un autre chapitre
Sans s'incliner devant l'odieux
Rapailler toutes les miettes
Nourrir les oiseaux de nos rêves
Changer la moelle de l'os

Implication écologique

Il faut, il le faut
… À tout prix

Les traces que j'aboie en silence,
Les ruses que j'épands en catimini,
L'ignorance que je feins,
Le regard oblique qui me pend
Au bout du nez
Le discours dégurgité d'une serviette de table
Tout
Grafignures full maganées
Gibelotte en survie
Planète en souffrance
Extinctive

Que fais-je sur pilotis ?
Suis-je moi-même présent ?
Protection illusoire.
Haut de cœur,

Mes pieds ne touchent plus terre.
Les seins de l'aurore s'affaissent,
Les cris des oiseaux s'avalent,
Il ne reste que l'univers…

Qui se mirera de nouveau
Dans le lac linceul ?
Quelle forme prendra la vie
Sur cette terre difforme ?
Un soleil quelque part
Prépare sa terre
Pendant que je me morfonds
À attendre ici
Mon implication

Que faire ?

Que faire quand tout bascule
Qu'importe les vastes fenêtres…
L'horizon en cataracte sévère
S'expose au repli aveugle du temps

Que faire quand ton voisin choque
Ses yeux vitreux en jouant aux dés
Sur le balcon des oubliettes ?
Quoi dire du mensonge cannibale ?

Je fuis l'embâcle du moment
Sur l'étale des habitudes
Je veux survivre malgré tout
À la pensée recroquevillée

Et au désastre écologique

Alors, oui je veux m'unir ensemble
Sans liens privilégiés que vivant
Dans l'espace acquis et traversé
D'une ondée d'atomes crochus

Allons tous au cimetière
Des pierres brûlées
S'enraciner au tison
Incandescent
D'un cocon fragile

Alzheimer

Je suis loin… seul
Comme un mirage d'asphalte
Au gros soleil…
Où sont les autres
Je ne sais plus ;
Ça fait longtemps
Que je n'me suis plus vu
Pourtant ma peau touche
À ta peau
Mais qu'est-ce qui se passe
Je n'me rappelle plus
J'ai beau dire
Les mots s'étiolent
Puis s'envolent
Même ton visage fond ;
Ton visage ressemble
À tout autre visage.
Qui es-tu ? Où sont les miens ?
Où sont mes liens

Hier, demain, aujourd'hui…
En courtepointe.
J'ai froid et je suis seul
L'herbe s'assèche
L'écho s'égosille
Où suis-je dans ce brouillard épais ?
Je n'sens même plus ton odeur
Je m'assieds, je pleure.
Pourtant tu me dis que j'ai un beau sourire
… Mais qui es-tu ?
Je meurs mais pas vraiment ;
Qui peut m'aider ?
Seras-tu là pour moi
Quand j'serai plus là
Viendras-tu m'aider… à mourir ?

Oraison funèbre

Eileen… C'est un soupir de joie,
Une bouffée souterraine de joie
Elle est en dedans du dehors
L'étendard du sein de la mort
Voltigeant d'Amour lumineux
Conquis à son corps vaporeux

Eileen « the Bean »
Toujours partout en estime
Jaillit en brume matinale
Son bel esprit abyssal
Juché par l'humour irlandais
Que sa gentillesse sublime

Ses yeux protègent du naufrage
Tel un champ de rosiers sauvages
Où voguent tant de cosmos
Là se révèle « la » colosse
Dessus le vent des bourrasques
Toujours la vérité sans masque

Je t'ai dans la peau mon bel Amour

J’entends tout de travers

Je t’aime tellement…
Mon ventre s’ouvre à la douleur
T’ai-je trahi ma belle amoure
Seppuku
La honte m’assaille
Seppuku
Une larme entre les dents
J’entends friser mes entrailles
Grommeler la risée des autres
J’entends tout de travers

Te perdre m’envahit
Je nage en luciole consumée
Ma voix m’éblouit
Te peindre, te perdre, te repeindre
De mémoire
D’un trait Rebelle
Aux commissures du pardon
J’entends tout de travers

J'prends ta main
Seppuku
Dans la chaleur du sang
Dans la douleur du désir
De t'retrouver
Les yeux mouillés
Sur mon corps chamboulé
J'entends tout d'travers

Mais ce n'était qu'un rêve.

Chez nous

Il y a des pas sur la neige
Que le froid n'endure pas

Ça craque de partout
Le vent même se cache

Des glaçons dans la barbe
Mon pays avance à reculons
À force d'avoir peur
De son calvaire et de sa face

L'ancrage du fleuve est largué
La langue n'est pas mieux tronquée
Voici le champ à labourer
Voici le pont à calfeutrer

L'idée sous la roche
Un pissenlit
Enraciné dans l'avenir
Le cœur à l'abordage

Il y a de ces oiseaux
Qui ne veulent pas voler
Que l'on mange en festin
Que l'on mange à pleines mains

Mais ils viendront de partout
Chercher l'ivresse entre nos jambes
Nous offrir de leur superbe

Nous offrir l'épaule
Et la roue

Puis les semences sèmeront
Les langues se délieront
Les amitiés se croiseront

Nous serons chez nous

Vers l'itinérance

J'pars ici ou ailleurs
À pied ou à coup d'poings
J'pars sans me rappeler

J'ai l'sang qui s'assèche et qui sèche

J'ai perdu l'idée d'en parler
Perdu l'odeur des alentours

J'me sens comme un frisson
Dans tes bras maladroits
Comme un rêve que la nuit achève
J'me sens en toi comme un coup d'vent
Tellement seul, seul, tellement

J'me sens perdu dans l'détour de ta voix
Perdu jusqu'à l'os
Perdu comme on perd sa vie

J'pars ici ou ailleurs
À pied ou à coup d'poings
J'pars sans me rappeler

Mon pays le Québec

Goûter le paysage
En y plongeant droit debout
… goûter l'eau salée…
De ce fleuve majestueux
Jouir du frisson venteux
Sculpté par l'audace des vagues
Froides
Du littoral écorché du bleu pays

S'étendre sur la mousse
… à fleur de peau
Vouloir doucement,
Imperceptiblement,
Changer l'aspect du roc des roches
En sourires radieux

Ah mon bleu pays blanc, bleu
Québec
Mon pays d'écorce terreuse
Mon terreau de bibittes affamées
Mon accent de pitoune tricotée serrée
Mon pays de bottine d'orignal

J'aime ta langue de tire d'érable
Ton œil d'oies blanches
Ton air de soupe aux pois
Ton accent de plumes sauvages
Ton indépendance, ta liberté,
Tes valeurs et ta culture
Québec

Amour/Haine

Il y a du frimas sur les quenouilles
Les moineaux sont affamés
Croassent les ouaouarons
J'ai la chair de poule
Pris dans ce tableau merdique

Les ornières se creusent
Le ventre du vent se lève
La peur crache son angoisse
Et burine mes blessures
J'ai mal en rang serré ;
Un mal venimeux, commun.

Je veux tout pardonner
Tout excuser
Être de soie
Mais…
On fouette le sang sous la dent
Et les outardes ne sont pas revenues

Crépuscule de bonne volonté

Des menteries tourbillonnent
Sans préservatifs
Des masques atroces
Captifs
De faux semblants
Mythiques
Tant de couches à traverser,
De souches à retirer,
D'individus à dépecer
Comment recoller tous les morceaux

Je suis pantois
Échevelé
Comment puis-je t'aimer
Sans t'entendre vraiment
Je ne peux que murmurer ton nom
De l'autre côté du pont
Devant ce miroir à deux faces
De l'autre côté du pont

Le mur se fissure
Donne ta main
Une toile d'araignée
Pris à t'aimer sans recours
J'ai l'épaule avortée
Et j'essaie, et j'essaie

Est-ce moi, est-ce toi ?
Entre les deux mon amie
Je t'aime en ré majeur
Toutes les gammes à la fois
Un jour
L'aurore
L'envie

Cirque

Suite entremêlée de personnages
Idylliques, comiques, grotesques.
Le cirque
Saute dans le vide
Sans soucis
De style ou de rire
Pour rebondir dans le décor
Par un recul de ses lèvres insoumises

Le cirque déambule,
Démembre la certitude des conventions
Dans un mouvement dramaturgique
Ballotté, enfargé.

L'équilibre instable de son œil
Ratoureux
Fleurit dans l'œuvre métaphysique
Du gréement
Cirque…

De mes frissons frisés
Tu nous portes et nous transportes
Sur l'isthme de nos corps sinueux

… Cirque…
Le mouvement articulaire
De tes envies
Chasse l'incohérence
Du discours appris.

Les pieds en l'air à couper
Le souffle
Le cirque est un rempart au
Délire suffocant de ma solitude

Cirque
Admire la piste du destin
Dans tes entrailles assouvies
Retourne l'horizon
Dans tes yeux d'envergures

Jonglant l'épopée de ton histoire
Tu jouis des beautés de l'hymne
Suspendu au flaire
De ta main entendue

Bonheur

Faire pleuvoir des histoires…
Bleu de blanc pourpre vert
Indigo rouge et noir turquoise
Je ne sais pas où est le bonheur
Puisqu'il se cache dans mes os
Où il rit à pleines dents
Camouflé à même l'idée

Je cherche à être bien
Sans savoir que j'y suis déjà
… ÉCHO…
Résonnance de liberté
Je frôle l'indécence
Toute une vie pour se réunir
Jaune bleu rouge
Vibrent dans ta gorge d'hirondelle
Le bonheur cherche à s'aimer
Regarde les joues de ta joie
Regarde comme tu regardes
Dans le blanc de ta soif

Le bonheur frétille
Dans les entrailles de ton corps
Translucide
Il est là
Dans l'air du temps
À se trémousser sous les draps
Diaphanes
Doux comme une rivière satinée
Le bonheur nous câline
Et nous apprends
À faire l'unité des sens
Le bonheur nous accueille
En son sein d'os limpides
Il gravite autour d'un souffle…

Bonheur 2

Mes paupières lèvent les voiles
Vers l'aurore des amitiés
Et c'est toi que je découvre
Sur la houle bien joyeuse

Le fil d'Ariane

Le fil d'Ariane m'anime
Désir vaporeux, insidieux
Torche luminaire
Sacrilège suave de ta bouche ruisselante

Je te cherche à trouver la mort

Ton corps en lianes rocheuses
Ta soie dentelle d'abîmes vivants
Partout, je regarde sur toi belle amoure
Le sang du lien enfin

Je te cherche à trouver la mort

Ton œil me surprend, m'envahit, m'amourache
Je sens l'odeur pénétrer l'hiver, la nuit
Je suis de ceux qui veillent à ton nom
Lentement la main devant

Je te cherche à trouver la mort

Joie d'amarante sur ta chair lisse
J'y suis de baisers printaniers
Pour retrouver la voie du fil d'Ariane
À la lueur tranchante du bonheur acquis

Solitude des eaux

Je navigue entre deux eaux
D'esprits solidaires
Souvent conflictuels

Deux eaux que les vagues interprètent
Sous la paupière ravivée d'un soupçon d'étoiles
Comme l'ébauche intuitive
D'une raison de vivre

J'écoute le silence des images
Errer dans mes os
Siffler dans la caverne de l'aube
Chercher à tâtons l'odeur du sens

Je bouscule les conventions
J'appréhende l'insondable
Les mouches s'affolent
Je navigue entre deux eaux

Le calme s'installe en pluie fine
Sur l'accord euphorique de l'instant
J'accepte de vivre seul

Une larme de joie… sur la joue de l'océan

Je me noie d'une vague suave
Tu es si loin de mes côtes
Je plonge en toi
Dauphin de moi-même
Jouer à rebours le temps qui coule

Qu'ai-je fait
Simone
Ô, mon phénix adoré

Il y eut aujourd'hui puis demain
J'ai mal au cœur… douleur

La faim de l'envie s'heureuse
Les larmes sont ailleurs, le retour de l'Agathos
La joie d'espérer
Le brin d'œil zébré
En flic flac somnambule, je t'aime en amoure
De tabarnak

L’eau se calme
Circule en patte d’oie
Sur tes yeux de nénuphar
Écarlates
L’Amour, l’Amour
Depuis le premier jour.

Je pleure enfin je pleure

Crevasses abyssales des jours
Abîmés, teintés, sans repos
L'odeur du malheur
J'explose
J'explore ce qu'il m'a fallu
De peines perdues, pendues
Pour geindre sur ce calvaire
Sans vergogne de mon sang emprunté.

Mon nom m'est étranger, étranglé
Dans la gorge grotte d'un lapsus
Puni interdit
Chercher la faille où passer l'oubli

Ma mère a tant souffert
Confiance laiteuse, chétive
Anorexique
Visage délavé
Vision atrophiée
Le chemin à coup de machette

Toute vie retourne à la vie

Se fendre la tête à coup de hache
Froncer les heures
Larguer les jours
Toujours à la remorque
Du silence de mes deux mains
Qui se « mourissent » d'elles-mêmes

Compenser, réparer, transformer
Ma mère dans l'ombre des femmes
Une autre chaire, chaîne à libérer
Une autre femme
Prend mon visage à deux mains

Guérir la racine du sang maculé
Tremper l'innocence
Sur des pleurs
Latents
Je n'ai plus peur
D'être
En faute
Sur mon dos d'acier incandescent
Je suis l'ivresse du retour
Sans rien à dire
Que de dire ce qu'il faut
Je pleure
Enfin je pleure

Je marchais tranquillement au Jardin botanique de Montréal quand vint…

Tricoture de bois serrés aux branches venteuses
On entend grincer ces colosses noirs dans la neige épaisse
On les entend se frotter entre eux
Au son des vents
Comme un opéra crevé des cris d'oiseaux

Je marche pesant dans les traces d'hiver de « frette »
J'marche en r'niflant comme l'eau d'érable au temps des sucres
J'm'habille en babiche d'orignal, de loup et de maringouins.
J'suis terre de soupe aux pois et de cipaille,
J'suis Québécois comme carquois d'autochtone
J'suis Miron, Leclerc, Lévesques,
J'suis icitte pour rester

Peine perdue

Peine perdue
Au cœur d'une larme
Jetée ici et là
Dans la vase d'un malheur sans fond

Cette rivière où je me suis tant baignée
Est aux abois,
Elle coule dans mes veines depuis toujours,
Comme une noyade présagée.

Le sel de l'air m'irrite la gorge,
Chaque parole engloutie

Nous avions imaginé
L'enfance de l'art,
Nous avions cru au soleil de minuit
… Il est tard, très tard
Comment retourner le courant
Quand la source est diffuse ?

Comment prendre la peine
Sans m'arracher les veines ?

Paître dans l'étang
Des souvenirs complexes
Rapailler les effluves du bonheur
Renouer l'ombilic du rêve.

La lame de l'eau m'entaille l'esprit
Silence de pierre creuse
Dialogue de sperme
Déluge d'angoisses
Peine perdue

L'aurore

Que j'aime l'aurore violacée d'un matin
Solitaire
En promenade muette…
Le jacassement des oiseaux,
L'odeur de rosée,
Les branches frileuses

Hummm…

Les flaques d'eau dans mes yeux
Miroitent
À travers cette brume…
Un tel bonheur

Hummm…

J'ai faim du jour maintenant

Citoyens

J'ai plein de visses, de métiers…
Tissés dans ma tête de plomb
Je suis une tête de pioche

Je suis citoyen arraché
Des racines de ma nature

Violé dans nos chairs sociales
Être du même souffle depuis
Accoudons nos plaies de visions

Je me sens comme une brise
Sur laquelle les rêves flottent

Frissons de marcher côte à côte
Joie d'exploser nos solitudes
Tout le cosmos dans nos regards

Unique chance pour l'humanité
De faire ensemble, tourner la terre

Nos corps à corps nous emportent

Chanson pour parler

Le décor se veut familial
Les chambres fermées
La table en attente
Les pas se croisent sur les talons
L'œil se chagrine

On étouffe…
On étouffe.

La rengaine s'accuse, s'excuse
La poussière est sous le tapis

On étouffe…
On étouffe

Le temps s'est évadé
La vie de l'air éclate en mille mouches à feu
Terrifiantes

On étouffe…

J'oublie l'espace d'un instant
Tes yeux, ta couleur,
Te sentir,
Ton avenir,
T'aimer en épaule de granite
J'oublie que j'ai
J'oublie que j'ai

J'égrène mon souffle
J'égrène mon cœur
Je faufile l'eau
Jusqu'à teindre l'espace
D'une aurore de paix

Éphémère ?

Un pas de danse

Je danse dans la lueur de ta chair
Un pas burlesque grave… théâtral
Je flotte dans la moelle de tes os
Sur une houle rythmée, fascinante

Mes lèvres se muent sur tes racines
Mes pieds titubent dans ta glotte rieuse
Tes yeux me chatouillent l'envie de toi
Sur tes côtes, j'accoste en filigrane

Nos os tricotent l'odeur des étoiles
Oui, j'aspire à une autre dimension
Un frisson circule en symbiose blanche
Pendant que nos corps… en danse vibratoire

Je file de l'eau dans tes bras de câlin

Je t'aime… accroché au cerf-volant
Serpentant le palais de ta bouche
Je t'aime… en kaléidoscope joyeux
Aspirant l'idée d'un voyage à deux

Je danse sur un clin d'œil sympathique

Le doute

Des lianes atroces
Dans ta gorge barbelée
M'attachent à ta douleur

Ta certitude…
Dure ceinture de l'esprit,
Tranche l'idée… au sabre incandescent,

Obscure négation,
… abyssale…
Des désirs naissants.

Éclats de verre noirs
Aveugles aux feux sauvages
Vers le zénith des horizons

Voici le doute
Qui m'affole et qui broie
Le sens de la route

Je m'assieds sur un radeau… pétrifié
Me noyant de toi
À vouloir t'élucider

Je t'aime malgré l'incohérence
Du spectre de tes peurs
Ami voisin de mes amis

Tu fais partie de mon espèce
À l'image de mes dix doigts
… mais le doute persiste

L'hiver 2

L'hiver c'est une nuée d'étoiles filantes
Quand tu cours après l'bonheur
Et que tes yeux montrent le chemin,
L'hiver c'est un grand miroir
D'où les voix viennent d'ailleurs et les désirs amplifiés
L'hiver c'est tous ces flocons d'amitiés enneigés
C'est toute cette bourrasque cherchant ta main

J'me lance dans l'ciel, quasiment dans la pleine lune
Le « fret » est trop bon, ça m'nettoie l'intérieur

Je m'ennuie de toi comme on s'ennuie en ville
La ville avec ses millions de facettes « amis ».
— La neige tombe – … la ville l'emporte
J'aime à penser que c'était toi qui m'espérais
J'aime l'hiver, le « fret » et les bourrées d'neige
J'aime te prendre la main entre deux bancs d'neige

Simone en fête joyeuse

Le jour s'incline
Jusqu'au prochain solstice

Sur le sentier avec toi, le soleil !
Nos pas craquent sous les feuilles
Et les branchages.
Je marche avec toi en silence
On l'écoute à fleur de peau
Notre désir d'être ensemble

Je te vois à travers les branches
Tes racines sont profondes,
Ton tronc est solide
Comme la vie.
J'entends ton sourire « s'éclater »,
Vibrant de miles lieux à découvrir.
Je sais que tu respires « l'amicalerie »
Je m'ennuie tellement de ton esprit
À l'écorce rugueuse et solidaire

J’aime sentir l’essence de ta beauté

Tu baignes dans mes pensées intimes
Comme le jour dans la nuit

Table des matières

Imprimé en Allemagne
Achevé d'imprimer en octobre 2021
Dépôt légal : octobre 2021

Pour

Le Lys Bleu Éditions
40, rue du Louvre
75001 Paris